Buku masakan Essentmangkuk untuk salad buah

Lebih 100 resipi yang sihat, mudah dan lazat

Sannatasah Saunthararajah

Hak cipta terpelihara.
Penafian

Maklumat yang terkandung adalah bertujuan untuk menjadi koleksi strategi yang komprehensif yang telah diteliti oleh penulis e-book ini. Ringkasan, strategi, petua dan helah hanyalah cadangan pengarang, dan membaca e-buku ini tidak akan menjamin bahawa keputusan seseorang akan betul-betul mencerminkan hasil pengarang. Pengarang e-book telah melakukan segala usaha yang munasabah untuk menyediakan maklumat terkini dan tepat untuk pembaca e-book. Pengarang dan rakan-rakannya tidak akan bertanggungjawab atas sebarang kesilapan atau peninggalan yang tidak disengajakan yang mungkin ditemui. Bahan dalam e-book mungkin termasuk maklumat daripada pihak ketiga. Bahan pihak ketiga mengandungi pendapat yang dinyatakan oleh pemiliknya. Seperti,

E-book adalah hak cipta © 2022 dengan semua hak terpelihara. Adalah menyalahi undang-undang untuk mengedar semula, menyalin atau mencipta karya terbitan daripada eBook ini, secara keseluruhan atau sebahagian. Tiada bahagian daripada laporan ini boleh diterbitkan semula atau dihantar semula dalam apa jua bentuk tanpa kebenaran bertulis yang nyata dan ditandatangani daripada pengarang.

PENGENALAN ....

SALAD BUAH TRADISIONAL ....

    1. Salad buah eksotik ....

    2. Salad buah-buahan perayaan ....

    3. Salad buah Asia dengan saus betik-pudina ....

    4. Salad buah panas ....

    5. Salad mangga-avokado dengan macadamia ....

    6. Salad Matahari Terbenam ....

    7. Salad buah pada musim sejuk ....

    8. Buah-buahan musim panas dengan pudina segar ....

    9. Salad buah dengan kari ....

    10. Pinggan buah-buahan panggang ....

    11. Salad buah dengan haba ....

    12. Strawberi, Mangga dan Nanas ....

    13. Salad ceri dan tembikai ....

    14. Salad buah 24 jam ....

    15. Salad buah musim luruh ....

    16. Salad buah tembikai ....

    17. Salad buah dengan kari ....

    18. Salad buah Parsi ....

    19. Salad buah-buahan dengan lima cawan ....

    20. Salad buah segar ....

    21. Salad buah Harlequin ....

    22. Salad buah taufan ....

    23. Salad buah segar Lubnan ....

    24. Salad buah Jicama dengan selasih ....

25. Salad buah dengan halia 46
26. Salad buah dan herba dengan sorbet pudina 48
27. Sos betik atas salad buah 50
28. Salad buah dengan dressing oren 52
29. Salad buah dengan balutan jalapeno.................................... 54
30. Salad buah dengan vinaigrette ceri 56
31. Salad buah dengan sos biji popia... 58
32. Salad buah dengan sos kari-madu 59

SALAD BUAH DENGAN SAYUR.. 61
33. Sayuran ladang dan salad buah... 61
34. Lobak merah, kismis dan salad buah................................... 63
35. Salad oren dan buah ara.. 65
36. Salad buah sejuk beku 66
37. Salad buah dan kubis.. 68
38. Salad yogurt buah-buahan dan sayur-sayuran 70
39. Salad Buah Nanas dan Cili 72
40. Salad bayam dengan buah dan madu 74
41. Salad dan salad buah-buahan 76

SALAD BUAH-BUAHAN DENGAN PAM UTAMA................................ 78
42. Ayam dan salad buah 78
43. Salad ayam, alpukat dan betik 79
44. Daging lembu kari dan salad buah.. 81
45. Turki dengan kari, salad buah dan kacang 82
46. Salad buah-buahan dan udang 84
47. Salad ayam belanda salai dengan buah.............................. 85
48. Udang Berlapis dan Salad Buah 86

49. Ayam salai dan buah-buahan eksotik..................................
50. Salad buah beri biru...

SALAD BUAH REAMY ....

51, Salad ceri hitam dengan sos buah manis............................
52, Salad buah kubis dengan sos krim...................................
53, salad ceri dengan sos yogurt..
54, Salad buah dengan sos krim amaretto ....
55, koktel buah marshmallow...
56, salad oren ....
57, Salad Buah Calico..
58, Salad buah berkrim..
59, Salad Buah Dixie...
60, Salad buah tropika berkrim..
61, Salad Buah Gaya Filipina...
62, Salad buah dengan lemon..
63, Haupia dengan salad buah eksotik ....
64, Salad buah-buahan dengan saus pudina ....

SALAD BUAH ALKOHOL...

65, Salad buah dengan champagne ....
66, Salad buah segar dengan pembalut rum madu....................
67, Kolak buah dan wain ....
68, Salad buah suam ....
69, Salad buah dengan wain putih ....
70, salad buah Sri Lanka...
71, salad buah Mimosa...
72, salad buah Mojito...

73, salad buah Margarita 126
SALAD BUAH BEKU 128
    74, Cawan buah-buahan sejuk beku untuk kanak-kanak 128
    75, Salad buah beku berkrim 130
    76, salad buah beku nenek 131
    77, Gelas individu untuk salad buah beku 133
    78, Salad Buah Jello 135
    79, Salad Buah Beku Kentucky 136
    80, Salad buah untuk kanak-kanak 137
SALAD BUAH-BUAHAN DENGAN PASTA DAN BIJIRIN 139
    81, Madu daripada salad buah pasta 139
    82, Salad nasi dengan buah-buahan dan kacang 141
    83, Salad buah dengan kacang 143
    84, salad buah makaroni 144
    85, Salad buah dengan couscous 146
    86, Salad buah dan bulgur 148
    87, Salad buah dengan kacang 150
    88, Salad dengan buah putih dan nasi liar 152
    89, Pasta Joan Cook dan Salad Buah Tuna 155
    90, salad buah popi 157
PENJERAHAN SALAD BUAH-BUAHAN 159
    91, salad buah Ambrosia 159
    92, salad buah Valentine 161
    93, Salad Buah Panggang Terbaik 163
    94, Pencuci mulut salad buah 164
    95, Salad buah gebu 166

96, Salad buah beku ....
97, Salad buah dalam berkas krep ....
98, Salad parfait buah ....
99, Salad Buah Gumdrop ....
100, parfait aiskrim kacang hazelnut ....

KESIMPULAN 21

PENGENALAN

Salad buah-buahan adalah beberapa pencuci mulut yang paling sihat di luar sana. Dipenuhi dengan buah-buahan segar dan sajian yang lazat, semua orang menyukai hidangan yang menyegarkan ini. Salad buah adalah mudah dan boleh dibuat pada bila-bila masa sepanjang tahun menggunakan buah segar atau dalam tin untuk pencuci mulut atau makan malam.

Buku ini akan menunjukkan kepada anda cara membuat pencuci mulut yang sihat ini dengan saus salad buah terbaik dan gabungan buah-buahan yang menakjubkan.

Ciri-ciri salad buah yang hebat
1. Buah: Jelas sekali, perkara pertama yang perlu difikirkan ialah buah. Anda boleh menggunakan kedua-dua buah segar dan dalam tin, walaupun menggunakan buah segar memberikan hasil yang terbaik.

2. Berpakaian: Terdapat banyak cara untuk membuat saus salad buah! Rahsia salad yang lebih lazat terletak pada sausnya!

3. Herba dan Kacang: Sama ada anda memilih untuk menggunakan herba segar, kulit sitrus atau kacang cincang, sedikit tambahan memerlukan kebanyakan salad buah daripada yang baik kepada yang hebat.
4. Luangkan masa anda: Salad anda akan menderita jika anda tidak meluangkan masa untuk mengeringkan buah, mengeluarkan batangnya, mengupas, mengorek dan membersihkannya dengan baik apabila perlu.

SALAD BUAH TRADISIONAL

1. Salad buah eksotik

Hasil: 4 hidangan

Bahan
- 2 biji mangga masak, betik atau
- 6 buah kiwi, -- kupas dan potong
- 2 biji pisang, -- kupas dan potong
- Gula gula 2 TB
- 2 TB jus lemon
- ½ sudu teh ekstrak vanila
- ¼ sudu teh serbuk 5 rempah Cina yang dikisar

- ½ raspberi
- Nenas
- Gula manisan
- Daun pudina

Pukul gula, jus lemon, vanila, dan serbuk 5 rempah Cina; sesuaikan dengan rasa, tambah lebih kurang bahan. Masukkan mangga dan raspberi dan gaul sebati.

Sejurus sebelum dihidangkan, susun kiwi dalam bulatan di pinggir luar setiap 4 pinggan pencuci mulut, susun bulatan dalam hirisan pisang di atas kiwi, tinggalkan ruang di tengah pinggan pencuci mulut. Letakkan raspberi dan mangga yang telah dikupas di tengah; taburkan gula manisan dan hiaskan dengan daun pudina.

2. Salad buah-buahan perayaan

Hasil: 1 hidangan

Bahan
- 1 kotak ketul nanas
- ½ cawan gula
- 3 sudu besar tepung serba guna
- 1 biji telur setiap satu, dipukul sedikit
- 2 kotak tangerin
- 1 tin pear
- 3 buah kiwi setiap satu
- 2 biji epal besar
- 1 cawan pecan separuh

Toskan nanas, simpan jusnya. Ketepikan nanas. Tuangkan jus ke dalam kuali kecil; masukkan gula dan tepung. Biarkan mendidih. Cepat kacau dalam telur; masak hingga pekat. Keluarkan dari haba; sejuk.

Ia dimasukkan ke dalam peti sejuk. Dalam mangkuk besar, satukan nanas, oren, pear, kiwi, epal dan pecan. Tuangkan dressing ke atas dan gaul rata. Tutup dan sejukkan selama 1 jam.

3. Salad buah Asia dengan saus betik-pudina

Hasil: 6 hidangan

Bahan
- ½ nanas besar; dikupas, dikupas
- 1 betik sederhana; dikupas, dibiji
- ½ tembikai besar; dikupas, dibiji
- 11 auns laici keseluruhan yang dikupas dalam sirap berat
- ½ cawan anggur merah tanpa biji; dibelah dua
- ½ cawan anggur hijau tanpa biji; dibelah dua
- 1 buah betik besar; dikupas, dibiji

- 5 sudu gula
- 3 sudu besar jus lemon segar
- 1½ sudu besar pudina segar; dicincang kasar

Campurkan 6 bahan pertama dalam mangkuk besar.

Letakkan buah dalam 6 mangkuk kecil atau gelas

Siramkan sos betik pudina ke atas buah. Taburkan dengan kelapa. Hiaskan dengan pudina.

Sos Pudina Betik: Tumbuk semua bahan dalam pemproses makanan sehingga halus.

Pindahkan ke mangkuk. Tutup dan sejukkan sehingga sedia untuk digunakan.

4. Salad buah panas

Hasil: 6 -8

Bahan
- 1 tin (15 oz) pic yang dihiris
- 1 tin (15 oz) aprikot
- 2 sudu besar gula merah
- 1 lemon dan 1 oren; kulit kayu daripada
- 2 epal; dikupas, dikupas dan dipotong menjadi kepingan nipis
- 2 pisang masak; dihiris secara menyerong

Campurkan jus pic dan aprikot dengan gula perang dan kulit. Masukkan semua buah ke dalam kaserol, tambah jus dan bakar dalam ketuhar pada suhu 180°C (350F) selama 45
minit, ditemui. Ia dihidangkan hangat atau sejuk dengan aiskrim, krim putar atau bersendirian.

5. Salad mangga-avokado dengan macadamia

Membuat 4 hidangan

- 1 mangga masak pejal, dikupas, diadu
- 2 buah alpukat Hass masak, diadu, dikupas
- 2 sudu besar jus lemon segar
- 2 sudu teh nektar agave
- $1/4$ cawan kacang macadamia yang dihancurkan
- 1 sudu besar biji delima segar
- 1 sudu besar pudina segar atau daun ketumbar

Dalam mangkuk besar, satukan mangga dan alpukat.

Masukkan jus lemon dan nektar agave dan toskan perlahan-lahan untuk menyaluti buah. Taburkan macadamia, biji delima dan daun pudina. Hidangkan segera.

6. Salad Matahari Terbenam

Membuat 4 hingga 6 hidangan

- 2 sudu besar jus lemon
- 2 sudu besar nektar agave
- 1 epal Golden Delicious, dikupas, dibuang inti
- 1 pisang, potong 1/4 inci
- pic atau nektarin, dibelah dua, diadu
- 1 cawan buah ceri segar

Dalam mangkuk besar, satukan jus limau nipis dan nektar agave, kacau hingga sebati. Masukkan epal, oren, pisang, pic dan ceri. Gaul perlahan-lahan untuk sebati dan boleh dihidangkan.

7. Salad buah pada musim sejuk

Membuat 4 hidangan

- 2 sudu besar minyak walnut
- 2 sudu besar jus lemon segar
- 1 sudu nektar agave
- 1 epal Fuji, Gala atau Red Delicious, berinti
- 1 oren besar, dikupas dan dipotong
- 1 cawan anggur merah tanpa biji, dibelah dua
- 1 buah belimbing kecil, potong

Dalam mangkuk kecil, gabungkan minyak walnut, jus lemon, dan nektar agave. Gaul rata dan ketepikan.

Dalam mangkuk besar, satukan epal, pir, oren, anggur, belimbing dan walnut. Siram dengan sos, toskan hingga bersalut dan hidangkan.

8. Buah-buahan musim panas dengan pudina segar

Membuat 4 hingga 6 hidangan

- 2 sudu besar jus oren atau nanas segar
- 1 sudu besar jus lemon segar
- 1 sudu nektar agave
- 2 sudu teh pudina segar yang dicincang
- 2 cawan buah ceri segar
- 1 cawan beri biru segar
- 1 cawan strawberi segar, dikupas dan dibelah dua
- 1/2 cawan beri hitam segar atau raspberi

Dalam mangkuk kecil, gabungkan jus oren, jus limau, nektar agave, dan pudina. Mengetepikan. Dalam mangkuk besar, satukan ceri, beri biru, strawberi dan beri hitam. Masukkan sos dan gaul perlahan-lahan hingga sebati. Hidangkan segera.

9. Salad buah dengan kari

Membuat 4 hingga 6 hidangan

- ¾ cawan yogurt vanila vegan
- 1/4 cawan chutney mangga dicincang halus
- 1 sudu besar jus lemon segar
- 1 sudu kecil serbuk kari lembut
- 1 epal Fuji atau Gala, diiris dan dipotong menjadi hirisan 1/2 inci

- 2 pic masak, dibelah dua dan dipotong menjadi hirisan 1/2 inci
- 4 buah plum hitam masak, dibelah dua dan dipotong
- 1 cawan anggur merah tanpa biji, dibelah dua
- 1/4 cawan kelapa parut, parut tanpa gula
- 1/4 cawan badam cincang panggang

Dalam mangkuk kecil, satukan yogurt, chutney, jus lemon, dan serbuk kari dan gaul sehingga sebati. Mengetepikan.

Dalam mangkuk besar, satukan epal, pic, plum, mangga, anggur, kelapa dan badam. Masukkan sos, kacau perlahan-lahan hingga bersalut dan hidangkan.

10. Buah-buahan panggang

Membuat 4 hingga 6 hidangan

- $1/2$ cawan jus anggur putih
- $1/4$ cawan gula
- 1 biji nanas, dikupas, dibuang inti dan dipotong 1/2-in
- 2 buah plum hitam atau ungu masak, dibelah dua dan diadu
- 2 buah pic masak, dibelah dua dan diadu

- 2 biji pisang masak, potong separuh memanjang

Panaskan panggangan. Dalam periuk kecil, panaskan jus anggur dan gula dengan api sederhana, kacau, sehingga gula larut. Keluarkan dari haba dan ketepikan untuk menyejukkan.

Pindahkan buah ke panggangan panas dan panggang selama 2 hingga 4 minit, bergantung pada buah. Susun buah-buahan panggang di atas pinggan hidangan dan siram dengan sirap. Ia dihidangkan pada suhu bilik.

11. Salad buah dengan haba

Membuat 4 hidangan

- ¹⁄3 cawan jus nanas
- 2 sudu besar jus lemon segar
- 1 sudu nektar agave
- cayenne kisar
- 1 oren pusat, dikupas dan dipotong menjadi kiub 1 inci
- 1 biji pir masak, dibuang biji dan potong dadu 1 inci
- 1 pisang masak, potong 1/4 inci
- 1/2 cawan ketulan nanas segar atau dalam tin
- 2 sudu besar cranberry kering manis
- 2 sudu besar biji labu dikupas (pepitas)
- 1 sudu besar pudina segar yang dicincang

Dalam mangkuk besar, satukan jus nanas, jus limau nipis, nektar agave, dan cayenne secukup rasa, kacau hingga sebati.

Masukkan oren, pear, pisang dan nenas. Tos perlahan-lahan hingga sebati, taburkan cranberry, biji labu dan pudina dan hidangkan.

12. Strawberi, Mangga dan Nanas

Membuat 4 hidangan

- 2 cawan nenas segar atau dalam tin yang dipotong dadu
- 1 mangga, dikupas, diadu, dan potong 1/2 inci
- 2 cawan strawberi segar yang dihiris nipis
- 1 pisang masak
- 1/4 cawan jus oren segar
- 2 sudu besar jus lemon segar
- 1 sudu gula

Dalam mangkuk besar, satukan nanas, mangga dan strawberi. Mengetepikan.

Dalam pengisar atau pemproses makanan, haluskan pisang dengan jus nanas yang dikhaskan, jus oren, jus limau nipis dan gula. Tuangkan dressing ke atas buah, toskan perlahan-lahan untuk sebati dan hidangkan.

13. Salad tembikai ceri

Membuat 4 hingga 6 hidangan

- $1/3$ cawan jus oren segar
- 1 sudu besar jus lemon segar
- 1 sudu teh ekstrak vanila tulen
- 1 sudu teh gula
- 4 cawan tembikai dipotong dadu tanpa biji atau inti
- 2 cawan buah ceri segar
- 1 cawan beri biru segar

Dalam mangkuk besar, satukan jus oren, jus limau nipis, vanila, dan gula. Masukkan tembikai, ceri dan beri biru. Gaul perlahan-lahan untuk sebati dan boleh dihidangkan.

14.24 jam salad buah

Hasil: 16 hidangan

Bahan
- 2 tin sederhana ketulan nanas
- 6-auns tin atau jus oren, beku
- 1 paket puding lemon segera
- 3 biji pisang, dihiris
- 1 tin pear
- $2\frac{1}{2}$ kilogram Kotak aprikot
- $2\frac{1}{2}$ kilo Kotak pic
- 1 tin tangerin, toskan

Toskan nanas dan larutkan jus oren dalam jus nanas. Campurkan puding segera dalam jus, hirisan pisang, pear, aprikot dan pic (dalam kepingan bersaiz gigitan). Masukkan oren dan nenas yang telah di toskan. Campurkan dan biarkan ia berada di dalam peti sejuk selama 24 jam.

15. Salad buah musim luruh

Hasil: 8 hidangan

Bahan
- 2 biji epal merah yang lazat
- 1 biji pisang dihiris
- 1 epal Granny Smith
- 2 biji pir Bartlett
- ½ lb. anggur merah
- ½ c. badam dihiris -- dibakar 1 c. yogurt vanila
- 1 sudu besar kayu manis
- ¼ sudu kecil. halia tanah
- ½ sudu kecil. buah pala

- 1 TB cider epal

Basuh dan kupas epal dan pear, kupas jika dikehendaki. Potong menjadi kepingan satu inci. Hiris pisang ½" tebal. Basuh anggur dan potong separuh. Satukan buah dan badam dalam mangkuk salad. Campurkan yogurt dengan rempah dan cider.

Tuangkan ke atas salad buah dan toskan untuk menyaluti buah dengan sekata. Sejuk.

16. Salad buah tembikai

Hasil: 6 hidangan

Bahan
- setiap 2 Med. tembikai
- 1 biji nanas besar setiap satu
- 1 cawan Kismis
- 1 cawan kelapa parut segar
- 1 cawan walnut yang dicincang halus
- 1 epal besar setiap satu
- 1 cawan yogurt rendah lemak

Potong tembikai menjadi kepingan kecil dan campurkan dengan semua buah-buahan dan kacang lain dalam mangkuk salad yang besar. Cedok yogurt ke dalam mangkuk individu dan letakkan salad buah. Kacau hingga bersalut dan makan.

17. Salad buah dengan kari

Hasil: 6 hidangan

Bahan

SALAD
- 1 buah tembikai kecil
- 1 biji nanas segar
- ½ lada benggala oren

PAKAIAN
- ⅓ cawan jus oren segar
- 1 sudu kecil Madu
- 1 sudu teh mustard pasir

- ½ sudu teh lobak pedas yang disediakan
- ¼ sudu teh serbuk kari
- Garam dan lada yang baru dikisar

Potong cantaloupe separuh dan keluarkan bijinya. Potong menjadi kelapan dan keluarkan kulitnya. Potong cantaloupe menjadi kepingan kecil bersaiz gigitan. Menggunakan pisau keluli tahan karat, keluarkan bahagian atas dan bawah nanas, kemudian berdiri tegak dan potong kulit luar. Belah nenas dari atas ke bawah dan keluarkan intinya.

Potong nanas menjadi kepingan bersaiz gigitan.

Dalam mangkuk hidangan, campurkan buah dan lada oren. Biarkan bertutup dan sejuk sehingga sedia untuk dihidangkan.

Dalam mangkuk kecil, pukul bersama jus oren, madu, mustard, lobak pedas, serbuk kari, serta garam dan lada sulah secukup rasa. Apabila sedia untuk dihidangkan, tuangkan dressing ke atas buah dan gaul rata.

18. Salad buah Parsi

Hasil: 6 hidangan

Bahan
- 2 oren tanpa biji; dikupas dan dikupas
- 2 epal; dikupas; teras
- 2 pisang; hirisan
- 2 cawan kurma pitted; cincang;
- 1 cawan buah ara kering; cincang; atau aprikot
- 1 cawan jus oren
- 1 cawan badam; cincang

Letakkan buah dalam mangkuk hidangan. Tuangkan jus oren ke atas buah dan kacau perlahan-lahan. Hiaskan dengan badam atau kelapa. Tutup dan sejukkan selama beberapa jam sebelum dihidangkan.

19. Lima cawan salad buah

Hasil: 8 hidangan

Bahan
- 11 auns Tin tangerine, toskan 13½ auns Tin ketul nanas, toskan
- ½ cawan jus nanas
- 1½ cawan marshmallow kecil
- 2 cawan krim masam
- 3½ auns kelapa parut
- 1 cawan anggur/ceri untuk hiasan

Satukan semua bahan kecuali topping dan sejukkan selama beberapa jam atau semalaman. Mereka dihidangkan pada cawan salad hijau yang dihiasi dengan anggur atau ceri.

20. Salad buah segar

Hasil: 10 hidangan

Bahan
- ½ kilo Krim kerang sederhana; mentah
- 1 tin (8 oz) yogurt rendah lemak biasa
- ¼ cawan jus oren pekat beku
- 1 kotak jus keping nanas; longkang
- 1 oren besar; dikupas, dipotong dan dibiji
- 1 cawan anggur merah tanpa biji; potong separuh
- 1 cawan anggur hijau tanpa biji
- 1 epal; dihiris dan dicincang, dibelah dua
- 1 pisang; hirisan

Sediakan cengkerang Creamette mengikut arahan pakej; kebocoran Dalam mangkuk kecil, campurkan bersama yogurt dan pekat jus oren. Dalam mangkuk besar, satukan bahan yang tinggal. Tambah campuran yogurt; buang untuk menutup.
Penutup; ia sejuk dengan baik.

Kacau perlahan-lahan sebelum dihidangkan.
Letakkan lebihan di dalam peti sejuk.

21. Salad buah Harlequin

Hasil: 4 hidangan

Bahan
- 1 buah tembikai masak bersaiz sederhana
- 125 gram strawberi; (4 oz)
- 125 gram anggur hijau atau hitam tanpa biji;
- 1 kotak ketulan nanas dalam jus asli
- 1 pisang
- 2 biji oren
- 1 makan epal dengan kulit merah

Letakkan cantaloupe dalam mangkuk hidangan yang besar. Potong semua strawberi besar kepada separuh atau empat. Masukkan ke kiub tebu.

Basuh dan potong anggur separuh memanjang. Letakkan dalam mangkuk hidangan. Buka kepingan nanas dengan berhati-hati dan tuangkan ke dalam mangkuk hidangan dengan jus.

Kupas pisang dan potong menjadi kepingan setebal 1 cm ($\frac{1}{2}$ inci). Campurkan hirisan ini ke dalam adunan buah.

Basuh dan suku epal, keluarkan inti dan potong menjadi kepingan tebal atau kepingan, kacau ke dalam adunan buah.

Tutup dan sejukkan salad buah selama 30-60 minit.

22. Salad buah taufan

Hasil: 6 hidangan

Bahan
- 1 cawan pisang dihiris
- 1 cawan bahagian oren, baru dikupas
- ½ cawan hirisan strawberi
- 1 cawan ketulan nanas segar
- ½ cawan buah Kiwi yang dihiris, dikupas
- 1 cawan yogurt biasa
- 1 cawan bebola cantaloupe
- ⅓ cawan kurma dicincang
- 2 sudu besar kelapa parut
- 6 helai daun salad

Campurkan semua bahan kecuali kelapa dan salad. Tutup dan sejukkan selama 1-2 jam. Letakkan daun salad di atas pinggan, sudukan adunan di atas daun salad dan hiaskan dengan kelapa.

23. Salad buah segar Lubnan

Hasil: 1 hidangan

Bahan
- 1 biji tembikai masak
- ½ buah nanas segar
- 1 hingga 2 oren
- Epal, pir atau strawberi
- 2 biji pisang masak

Cara penyediaan: Kupas dan potong tembikai. Potong nenas menjadi kepingan. Kupas dan potong oren, keluarkan semua membran putih, potong menjadi kepingan dengan gunting dapur. Toskan buah bersama-sama.

Jika buahnya bagus dan masak, jus semulajadi akan memberikan banyak rasa manis, jadi gula tidak diperlukan. Potong dadu epal atau pir dan, jika menggunakan beri, basuh dan kupasnya. Tambah ke dalam campuran buah. Sebelum dihidangkan, kupas, hiris dan masukkan pisang. Kacau hingga sebati.

24. Salad buah Jicama dengan selasih

Hasil: 6 hidangan

Bahan
- 1 cawan anggur, tomato, tanpa biji
- 1 cawan Anggur, hijau, tanpa biji
- 1 cawan cantaloupe, madu atau mangga; kiub
- 1 cawan ketulan nanas, segar
- 1 oren; dikupas, dihiris dan dibelah empat
- 1 nektarin; kiub
- ½ cawan strawberi; dibelah dua
- ½ cawan Jicama; dikupas, potong batang mancis

- ¼ cawan jus oren
- 1 sudu Basil, segar; dicincang ATAU
- 1 sudu teh Basil, kering; hancur
- Mata air selasih, pilihan

Dalam mangkuk sederhana, satukan semua bahan kecuali tangkai selasih; gaul perlahan-lahan. Untuk menghidangkan, hiaskan dengan setangkai basil.

25. Salad buah dengan halia

Hasil: 8 hidangan

Bahan
- 2 pic segar
- 1 biji tebu penuh
- 3 md plum
- ½ tembikai keseluruhan
- ½ lb. anggur hijau dan merah
- ½ cawan jus lemon segar
- 1 sudu teh kulit lemon
- ¼ cawan madu
- ½ cawan akar halia manisan

Sediakan semua buah dengan membasuh, membersihkan jika dikehendaki, mengeluarkan lubang dan potong kecil. Tembikai boleh dicedok dengan pemerah tembikai jika mahu.

Satukan semua buah dalam mangkuk seramik yang besar.

Campurkan jus lemon, kulit, madu dan halia bersama-sama. Tuangkan ke atas buah, toskan dan perap sekurang-kurangnya enam jam. Hidangkan sejuk atau pada suhu bilik.

26. Salad buah dan herba dengan sorbet pudina

Hasil: 4 hidangan

Bahan
- 2 oren; dikupas dan dihiris
- 1 limau gedang; dikupas dan dibahagikan
- 1 pir besar; dikupas, dikupas
- 250 gram anggur tanpa biji
- 300 mililiter jus oren segar
- 1 sudu besar thyme cincang
- 1 sudu besar lemon balm cincang
- 1 sudu teh pudina cincang
- Daun pudina segar
- 4 sudu sorbet pudina

Campurkan semua buah-buahan dan tuangkan jus ke atasnya.

Masukkan herba cincang dan masukkan ke dalam peti sejuk selama beberapa jam sebelum dihidangkan.

Hidangkan setiap bantuan dengan sesudu sorbet pudina di tengah dan sebiji krim jika dikehendaki, dan hiaskan pencuci mulut dengan beberapa daun pudina.

27. Sos betik atas salad buah

Hasil: 1 hidangan

Bahan
- 1 buah betik; dikupas, dibiji dan dipotong-potong
- ¾ cawan nektar betik dalam tin
- 2 sudu besar cuka wain beras
- 2 sudu teh halia segar; cincang
- 1 sudu gula
- ⅓ cawan minyak zaitun
- Pelbagai buah-buahan segar; hirisan

- 1 tandan Pudina; dicincang halus

Dalam pengisar, satukan betik, nektar, cuka, halia dan gula dan kisar sehingga rata. Dengan motor berjalan, tuangkan minyak zaitun dalam aliran perlahan dan mantap sehingga digabungkan. Tuangkan ke dalam mangkuk, kacau pudina dan sejukkan, bertutup, sehingga sedia untuk digunakan.

Tuangkan ke atas buah-buahan segar dan hiaskan dengan daun pudina.

28. Salad buah dengan dressing oren

HASIL: 8 - 10 BAHAGIAN

Bahan-bahan untuk berpakaian
- 1/4 c. Madu
- 1/4 c. jus oren yang baru diperah
- Perahan 1 lemon

Untuk salad
- 1 lb. strawberi, dikupas dan dibelah empat
- 6 oz. cranberry
- 6 oz. raspberi
- 3 buah kiwi, dikupas dan dihiris
- 1 oren, dikupas dan dihiris separuh
- 2 biji epal, dikupas dan dicincang

- 1 biji mangga, dikupas dan dicincang
- 2 c. anggur

Arah

Dalam mangkuk kecil, campurkan madu, jus oren dan kulit limau. Masukkan buah ke dalam mangkuk besar dan tuangkan ke atas sos, kacau perlahan-lahan untuk menggabungkan.

Sejukkan sehingga sedia untuk dihidangkan

29. Salad buah dengan balutan jalapeno

Hasil: 6 hidangan

Bahan
- ½ tebu kecil
- 1 buah betik masak besar, dikupas
- 1 cawan Strawberi dengan batang dan kulit
- 1 tin ketul nenas toskan

Berpakaian dengan sitrus Jalapeno
- ⅓ cawan jus oren
- 3 sudu besar jus limau nipis
- 3 sudu besar pudina segar yang dicincang, basil
- 2 lada Jalapeno tanpa biji, dicincang
- 1 sudu Madu

Cedok biji tembikai. Kupas buah tembikai atau potong menjadi kepingan. Keluarkan kulit dan potong kiub. Letakkan dalam mangkuk besar.

Masukkan buah dan dressing. Kacau perlahan-lahan untuk sebati. Hidangkan segera atau tutup dan sejukkan sehingga 3 jam. Hiaskan dengan pudina.

COMBINE Satukan dalam mangkuk kecil dan gaul rata

30. Salad buah dengan vinaigrette ceri

Hasil: 1 hidangan

Bahan
- 3 sudu besar cuka ceri kering
- 4 sudu besar minyak sayuran
- $\frac{1}{4}$ sudu teh Garam
- $\frac{1}{4}$ sudu teh lada hitam dikisar
- 1 cawan ceri kering
- 1 epal nenek smith kecil nipis
- 1 oren kecil, dikupas dan dipotong
- $\frac{1}{4}$ cawan gajus masin keseluruhan
- $1\frac{1}{2}$ cawan endive Belgium
- $1\frac{1}{2}$ cawan bayam
- $1\frac{1}{2}$ cawan salad Boston

Untuk dressing, campurkan cuka, minyak, garam dan lada sulah. Susun sayur-sayuran di atas pinggan hidangan; masukkan ceri, beri dan gajus. Hidangkan dengan dressing vinaigrette.

Untuk vinaigrette: Campurkan 1 cawan ceri kering dengan 2 cawan cuka wain putih dalam bekas kaca. Tutup dan biarkan hingga memerah selama 2 hari pada suhu bilik.

Panaskan hingga takat mendidih, tapis melalui kain tipis. Sejukkan dan simpan dalam bekas kedap udara.

31. Salad buah dengan sos biji popia

Hasil: 6 hidangan

Bahan
- 1 tin (11 oz) segmen tangerine; longkang
- 1 tin (8 oz) ketulan nanas; longkang
- 1½ cawan hirisan strawberi
- ¼ cawan pembalut biji popia
- Daun selada

Dalam mangkuk sederhana, gabungkan semua bahan kecuali salad; buang untuk menutup.

Hidangkan salad pada pinggan individu yang dilapisi dengan salad.

32. Salad buah dengan sos kari-madu

Hasil: 4 hidangan

Bahan
- 1 mangga masak; dikupas dan dipotong dadu
- 4 cawan nenas cincang segar
- ¼ cawan jus lemon segar
- 1 cawan yogurt vanila biasa atau rendah lemak
- 2 sudu Madu
- ¼ sudu teh serbuk kari; (pilihan)
- ½ cawan raspberi segar
- ⅓ cawan kelapa bakar untuk hiasan

Beberapa perkara yang mudah dan menyegarkan seperti salad buah mangga, nanas dan raspberi ini. Hiaskannya dengan madu dan sos yogurt yang kreatif, berperisa dengan sedikit serbuk kari, dan anda telah membuat perkara yang baik dengan lebih baik.

Dalam mangkuk sederhana, satukan mangga dan nanas. Campurkan dengan jus lemon. Dalam mangkuk kecil, pukul bersama yogurt, madu, dan serbuk kari jika digunakan. Untuk menghidang, bahagikan buah di antara 4 pinggan hidangan. Taburkan raspberi dan kelapa dan sajikan sos yogurt secara berasingan.

SALAD BUAH DENGAN SAYUR

33. Sayuran ladang dan salad buah

Hasil: 1 hidangan

Bahan
- 2 biji epal merah yang lazat
- 2 biji epal Granny Smith
- 1 cawan kepingan walnut
- 4 oz. Keju kambing Texas
- Kedai membeli raspberry vinaigrette

- Hijau padang

Toskan sayur-sayuran padang dengan kepingan walnut. Hiris nipis epal dan keju kambing kemudian susun dengan menarik di atas salad.

Hidangkan dengan sos raspberi untuk salad buah yang lazat.

Taburkan epal dengan jus lemon untuk mengelakkannya daripada keperangan.

34. Lobak merah, kismis dan salad buah

Hasil: 1 hidangan

Bahan
- 1 kg Pembersihan; lobak merah keseluruhan
- 1 epal kecil hingga sederhana; kuarters
- ¼ nanas segar; potong-potong
- 1 tin kismis bersaiz snek

Menggunakan pemerah jus, proses keseluruhan lobak merah dan epal dan nanas

Kikis pulpa ke dalam mangkuk dan gaul rata untuk menggabungkan tiga bahan yang berbeza. Masukkan kismis, kemudian tambah jus dari bahan yang diperlukan untuk melembapkan salad.

Sejukkan dengan baik dan hidangkan sejuk.

35. Salad oren dan buah ara

Membuat 4 hidangan

- 3 biji oren, dibersihkan dan dicincang
- $1/2$ cawan buah ara segar atau kering yang dicincang kasar
- $1/2$ cawan kenari cincang
- 3 sudu besar serpihan kelapa manis
- 1 sudu besar jus lemon segar
- 1 sudu teh gula
- 2 sudu besar ceri kering manis

Dalam mangkuk, satukan oren, buah tin dan walnut. Masukkan kelapa, jus lemon dan gula. Kacau perlahan-lahan untuk sebati. Taburkan dengan ceri dan hidangkan.

36. Salad buah sejuk beku

Hasil: 6 hidangan

Bahan
- 1 sachet agar-agar tidak berperisa
- ½ cawan air mendidih
- 16 oz koktel buah dalam sirap
- ½ cawan mayonis atau Miracle Whip
- 2½ cawan krim putar manis

Lipat dalam ¾ cawan marshmallow pada masa yang sama dengan krim putar, jika dikehendaki

Larutkan gelatin dalam air mendidih. Sejukkan sedikit, kemudian campurkan koktel buah dan mayonis.
Sejukkan selama 10 minit. Tambah krim.

Tuang ke dalam loyang kecil atau dulang pembakar dan
membekukan. Potong atau empat segi dan hidangkan di atas salad.

37. Salad buah dan kubis

Hasil: 6 hidangan

Bahan
- 2 oren; dipotong dan dibelah
- 2 epal; cincang
- 2 cawan kubis hijau; dicincang
- 1 cawan anggur hijau tanpa biji
- ½ cawan krim putar
- 1 sudu gula
- 1 sudu besar jus lemon
- ¼ sudu teh Garam
- ¼ cawan mayonis/sos salad

Letakkan oren, epal, kubis dan anggur dalam mangkuk.

Pukul krim putar dalam mangkuk sejuk sehingga kaku. Lipat krim, gula, jus lemon dan garam ke dalam mayonis.

Kacau ke dalam adunan buah.

38. Salad yogurt buah-buahan dan sayur-sayuran

Hasil: 4 hidangan

Bahan
- 2 sederhana Makan epal; inti dan dicincang
- 2 lobak merah sederhana; dikupas, dihiris nipis
- 1 lada hijau sederhana; dibiji dan dicincang
- 6 auns ketulan nanas segar atau
- Ketulan nanas dalam tin
- 6 auns yogurt biasa
- 3 sudu besar jus oren
- 1 sudu besar jus lemon

- Secubit garam
- Kayu manis; untuk menghias

Satukan epal, lobak merah, lada dan nenas dan gaul rata.

Campurkan yogurt, jus oren dan lemon serta garam.

Masukkan salad dalam dressing ini, sejukkan dan hidangkan dengan kayu manis di atasnya.

39. Salad buah nenas dan cili

Hasil: 1 hidangan

Bahan
- 1 biji nanas masak
- 1 buah delima penuh dipisahkan bijinya
- 2 pokok limau; jus daripada
- 100 mililiter air sejuk
- 50 gram gula kastor
- 1 biji cili merah dihiris halus
- Beberapa helai daun selasih segar yang koyak

Panaskan air dan gula dalam periuk kecil sehingga ia larut.

Tanggalkan api dan biarkan sejuk.

Masukkan cili dan biji delima ke dalam cecair. Sementara itu, kupas dan potong nanas menjadi kepingan besar dan masukkan ke dalam salad buah dengan jus lemon.

Letakkan salad dalam mangkuk di dalam peti sejuk selama beberapa jam untuk menyejukkan.

Sebelum dihidangkan, masukkan daun selasih yang koyak untuk memberikan kesegaran yang indah pada salad buah.

40. Salad bayam dengan buah dan madu

Hasil: 6 hidangan

Bahan
- 8 cawan daun bayam segar dibungkus
- 2 cawan bebola cantaloupe
- $1\frac{1}{2}$ cawan strawberi segar yang dibelah dua
- 2 sudu besar jem raspberi tanpa biji
- 2 sudu besar cuka wain putih raspberi
- 1 sudu Madu
- 2 sudu teh minyak zaitun
- $\frac{1}{4}$ cawan kacang macadamia yang dicincang

Satukan bayam, bebola cantaloupe, dan bahagian strawberi dalam mangkuk besar; baling ringan.

Satukan jem dan 3 bahan seterusnya dalam mangkuk kecil; gaul dengan whisk hingga sebati. Siramkan ke atas bancuhan bayam dan gaul rata.

Taburkan dengan kacang.

41. Salad dan salad buah-buahan

Hasil: 14 hidangan

Bahan
- 3 tin tangerin; longkang
- 3 Grapefruit, merah jambu; dikupas, dibiji
- 6 kepala salad; dikoyakkan menjadi kepingan bersaiz gigitan
- ¼ cawan bawang; cincang
- ¾ cawan cuka, tarragon
- 2 sudu besar minyak sayuran
- 2½ sudu besar biji popia
- 1 sudu gula
- 1 sudu teh Garam

- 1 sudu teh mustard kering
- $\frac{3}{4}$ cawan minyak sayuran

Satukan tangerin, bahagian limau gedang, dan salad dalam mangkuk salad yang besar; baling ringan. Hidangkan bersama sos popia.

Pembalut Biji Popi: Satukan 7 bahan pertama dalam bekas pengisar elektrik; Kacau hingga sebati. Perlahan-lahan tambah $\frac{3}{4}$ cawan minyak sayuran, teruskan pukul sehingga pekat. Tuangkan ke dalam balang dengan penutup yang ketat dan sejuk. Goncang sebati sebelum dihidangkan.

SALAD BUAH-BUAHAN DENGAN PAM UTAMA

42. Ayam dan salad buah

Hasil: 4 hidangan

Bahan
- $1\frac{1}{4}$ kg dada ayam tanpa tulang, dikupas dan dipotong menjadi jalur 1/2 inci
- 2 sudu besar mentega
- 1 sudu teh Garam
- $\frac{1}{2}$ sudu teh lada
- $2\frac{1}{4}$ cawan strawberi, dibelah dua

- ¾ cawan taugeh
- 2 sudu teh halia hablur yang dicincang
- 1 sudu teh halia kisar
- 1 sudu besar cuka selasih
- 1 sudu besar kicap
- ⅛ sudu teh garam
- ⅛ sudu teh lada cayenne
- 2 sudu besar minyak zaitun

Tumis jalur ayam dalam mentega selama 8 minit, kacau selalu. Perasakan dengan garam dan lada; keluarkan dari kuali dan toskan pada tuala kertas. Biarkan ia sejuk.

Satukan strawberi, taugeh, ayam sejuk dan halia cincang dalam mangkuk salad. Dalam mangkuk yang berasingan, satukan halia yang dikisar, cuka, kicap, garam dan lada cayenne. Tambah minyak, perlahan-lahan toskan salad dengan sos.

Tutup salad dan biarkan ia berada pada suhu bilik selama 10 minit sebelum dihidangkan.

43. Salad ayam, alpukat dan betik

Hasil: 1 hidangan

Bahan
- 6 bahagian dada ayam tanpa tulang rebus
- 2 biji betik masak dikupas dan dihiris nipis
- 2 biji alpukat masak dikupas dan dihiris nipis
- 4 sudu besar jus lemon segar
- Pulpa 1 buah markisa masak
- ½ cawan minyak sayuran
- Kulit parut 1 biji limau purut
- Lada garam
- 2 3 sudu besar. Sayang

- ½ cawan pecan yang dicincang kasar

Lapik 6 pinggan salad dengan salad. Potong mana-mana lemak yang tinggal dari ayam.

Potong ayam menjadi kepingan bersaiz gigitan.

Selang seli ayam, avokado dan betik di atas pinggan

Campurkan jus lemon, pulpa, minyak, kulit, garam, lada dan madu.

Letakkan sos di atas setiap salad

Taburkan dengan pecan.

44. Daging lembu kari dan salad buah

Hasil: 4 hidangan

Bahan
- 12 auns daging lembu panggang Deli; dihiris setebal 1/4 inci
- 1 epal besar; potong 1/2 inci
- 2 pic kecil; menjadi kepingan 1/2 inci
- $\frac{3}{4}$ cawan saderi cincang
- 1 bawang hijau; hirisan
- 1 cawan yogurt tanpa lemak biasa
- $1\frac{1}{2}$ sudu besar chutney cincang
- 1 sudu kecil serbuk kari
- Boston atau salad
- 2 sudu besar badam cincang

Susun hirisan daging lembu; potong memanjang separuh, kemudian bersilang menjadi jalur lebar $1\frac{1}{2}$ inci. Dalam mangkuk besar, gabungkan daging lembu, epal, nektarin, saderi, dan bawang hijau.

Dalam mangkuk kecil, satukan yogurt, chutney dan serbuk kari sehingga sebati.

Masukkan ke dalam campuran daging lembu dan kacau. Tutup dan sejukkan sekurang-kurangnya sejam.

Untuk menghidang, susun salad di atas pinggan hidangan; atas dengan campuran daging lembu.

Taburkan dengan badam

45. Salad Turki dengan kari, buah-buahan dan kacang

Hasil: 4 hidangan

Bahan
- ½ cawan Chutney
- 1 sudu kecil serbuk kari
- ½ sudu kecil halia kisar
- ⅓ cawan yogurt biasa
- 2½ cawan ayam belanda; masak, cincang
- 1 buah betik besar; dibelah dua, dibiji, dikupas dan dihiris
- 3 buah kiwi; bersihkan, potong separuh memanjang
- ¼ cawan badam yang dihiris pucat; panggang
- Daun bayam segar; membasuh batangnya, dikeringkan dengan baik

- 4 bungkus tortilla

Satukan chutney, serbuk kari dan halia dalam periuk kecil. Didihkan sederhana
panasnya. Masak, kacau sekali-sekala, selama 2-3 minit

Ia sejuk sedikit. Masukkan yogurt. Letakkan pembalut dalam mangkuk besar; tambah ayam belanda.

Sejukkan selama beberapa jam. Bakar bungkus tortilla mengikut arahan pakej. Masukkan betik, kiwi dan badam ke dalam campuran ayam belanda. Alaskan mangkuk tortilla yang telah disejukkan dengan daun bayam. Sumbat setiap cengkerang dengan campuran ayam belanda.

Hidangkan segera.

46. Salad buah-buahan dan udang

Hasil: 4 hidangan

Bahan

- 2 cawan pelbagai buah hirisan
- 2 sudu besar minyak
- 1 biji bawang merah, dihiris nipis
- 3 ulas bawang putih, hiris nipis
- Jus sebiji limau nipis
- 1 sudu teh garam Kosher
- 1 sudu teh gula, atau secukup rasa
- ¼ cawan udang masak
- 2 sudu besar kacang tanah panggang yang dicincang

- 1 cili merah segar, dibuang biji dan dicincang halus

Potong buah menjadi kepingan bersaiz gigitan. Jika menggunakan pomelo, kupas bahagian individu dan pecahkan kepada kepingan sebesar anggur. Jika anggur mengandungi biji, belah dan benihlah. Toskan kepingan epal atau pir dalam sedikit jus sitrus untuk mengelakkannya daripada teroksida.

Dalam kuali atau periuk kecil, panaskan minyak dengan api perlahan dan goreng bawang merah dan bawang putih hingga keperangan. Keluarkan dan toskan pada tuala kertas.

Dalam mangkuk sederhana, satukan jus lemon, garam, dan gula (jika menggunakan) dan kacau hingga larut. Masukkan buah, udang dan separuh daripada bawang putih dan bawang merah dan toskan hingga rata dengan dressing. Rasa dan sesuaikan perasa jika perlu. Pindahkan ke hidangan hidangan dan hiaskan dengan baki bawang putih dan bawang merah, hazelnut dan cili.

47. Salad ayam belanda salai dengan buah

Hasil: 6 hidangan

Bahan
- 6 auns Mostaccioli; mentah
- 2½ cawan payudara ayam belanda salai; dipotong menjadi jalur
- 1½ cawan cantaloupe; kiub
- ⅓ cawan bawang hijau; hirisan
- 1½ cawan strawberi; hirisan
- ½ cawan dihiris badam; panggang
- ⅓ cawan jus lemon
- ¼ cawan minyak
- ¼ cawan madu
- ½ sudu teh kulit limau parut

Untuk membakar badam, sapukan kacang pada helaian biskut; Bakar pada suhu 350~ selama 5-10 minit atau sehingga perang keemasan, kacau sekali-sekala.

Masak Mostaccioli mengikut kematangan yang diingini mengikut arahan pakej. kebocoran; bilas dengan air sejuk. Dalam mangkuk besar, satukan semua bahan salad kecuali strawberi dan walnut; melontar Dalam balang dengan penutup yang ketat, gabungkan semua bahan pembalut; goncang dengan baik. Tuangkan ke atas salad; buang untuk menutup. Penutup; sejukkan selama 1-2 jam untuk sebatikan rasa, kacau sekali-sekala. Sejurus sebelum dihidangkan, kacau perlahan-lahan dalam strawberi dan badam.

48. Salad buah dan udang berlapis

Hasil: 4 hidangan

Bahan
- 1 tembikai masak; suku dan biji
- 1 mangga masak besar; dikupas dan dihiris
- 200 gram udang lebih besar; dicairkan
- 4 sudu besar yogurt Yunani asli
- 1 sudu besar tomato puri atau kering matahari
- 2 sudu besar susu
- Garam dan lada hitam yang baru dikisar
- 2 sudu besar ketumbar segar dicincang

Cedok daging dari kuarters cantaloupe dalam satu bahagian dan potong bersilang menjadi 4-5 hirisan. Lapiskan cantaloupe dengan mangga yang dihiris untuk membentuk separuh bulatan pada empat pinggan.

Bahagikan udang ke dalam setiap separuh bulatan buah.

Campurkan bahan-bahan pembalut bersama dan tuangkan ke atas beberapa buah untuk membentuk corak yang menarik. Taburkan dengan ketumbar dan sejukkan sehingga diperlukan.

49. Ayam salai dan buah-buahan eksotik

Hasil: 1 hidangan

Di dalam **kecerunan**
- 1 ekor ayam salai
- 1 Kulit kaki dibuang dan dipotong dadu
- 1 mangga; kulit dibuang dan dipotong dadu
- 2 tomato plum yang dicelur; dikupas, dibiji
- 3 bawang besar; hirisan
- ¼ kilo; keluarkan biji dan potong halus
- 2 sudu besar cuka cili
- Crème fraîche
- 2 sudu besar Ketumbar; cincang
- 1 sudu besar minyak cili

- 1 sudu besar cuka balsamic

Keluarkan semua kulit dan tulang dari ayam dan dadu. Campurkan mangga, betik, tomato, bawang besar, cili, cuka dan sedikit perahan limau nipis.

Isi gelang setinggi 6 cm dan 2 cm dengan campuran buah.

Campurkan ayam salai dengan crème fraîche. Letakkan satu lagi cm di atasnya.

Gaul dalam gelanggang. Taburkan dengan ketumbar dan keluarkan cincin. Campurkan minyak cili, cuka balsamic dan gerimis di sekelilingnya.

50. Salad buah beri biru

Hasil: 4 hidangan

Bahan
- Pakej 6 Auns Raspberry Gelatin
- 2 cawan air mendidih
- 16 auns sos kranberi gelatin
- 8¾ oz. Cawan nanas hancur
- ¾ cawan jus oren segar
- 1 sudu besar jus lemon segar

- ½ cawan walnut cincang

Larutkan gelatin dalam air mendidih. Pecahkan dan campurkan sos kranberi, nanas yang tidak dikupas, jus oren, jus lemon dan walnut.

Tuangkan ke dalam periuk kecil. Sejukkan sehingga padat.

Potong empat segi dan hidangkan di atas daun salad bersama salad dressing.

SALAD BUAH REAMY

51. Salad ceri hitam dengan sos buah manis

Hasil: 6 hidangan

Bahan
- 2 cawan ceri hitam; dalam tin, diadu
- 3½ cawan nanas; tin, potong kecil
- 1 paket serbuk gelatin oren
- ½ sudu teh gelatin tanpa rasa

- Beberapa titis jus lemon
- ½ cawan gula
- 2 sudu kecil Tepung
- 1 biji kuning telur
- Jus 1 Lemon
- ½ cawan jus nanas atau aprikot
- 1 sudu besar garam
- 1 cawan krim berat; disebat

Rendam gelatin yang tidak berperisa dalam 2 sudu besar air sejuk. Masukkan ½ cawan air mendidih dan kacau sehingga larut. Toskan buah beri dan nanas. Tuangkan jus ke dalam cawan penyukat dan tambah air untuk membuat 1¾ cawan. Panaskan jus dan tuangkan ke atas gelatin oren. Gaul sehingga larut. Satukan campuran gelatin. Sejukkan dalam kuali kecil.

PEMBUAHAN MANIS: Satukan gula, tepung dan garam. Masukkan jus buah dan kuning telur. Didihkan dua kali sehingga pekat. Sejukkan dan masukkan krim putar sebelum dihidangkan. Hidangkan di atas daun salad.

52. Salad buah kubis dengan sos krim

Hasil: 4 hidangan

Bahan
- 2 cawan kubis; Mentah, dicincang
- 1 epal sederhana, dipotong dadu, dikupas
- 1 sudu besar jus lemon
- ½ cawan kismis
- ¼ cawan jus nanas
- 1½ sudu teh jus lemon
- ¼ sudu teh Garam
- 1 sudu gula
- ½ cawan krim

Sediakan kubis dan epal. Gunakan 1 T jus lemon untuk membasahkan epal yang dipotong dadu untuk mengelakkan kegelapan. Buang kubis, kismis dan epal. Campurkan jus buah, garam dan gula. Tambah krim, campurkan sehingga homogen; masukkan ke dalam salad dan hidangkan sejuk.

53, salad ceri dengan sos yogurt

Hasil: 1 hidangan

Bahan
- 2 cawan ceri manis
- 1 biji nenas berlembing kecil
- 1 limau gedang bersegmen
- 1 oren bersegmen
- ½ tebu kecil
- ½ cawan hirisan badam panggang
- Sos yogurt dengan oren

Susun buah di atas pinggan hidangan; taburkan dengan badam. Hidangkan bersama dressing.

54. Salad buah dengan sos krim amaretto

Hasil: 4 hidangan

Bahan
- ¼ liter raspberi
- ¼ liter beri biru
- ¼ liter Strawberi dicuci dan dibelah dua
- ¼ cawan bahagian oren, dipotong dadu
- ¼ cawan segmen limau gedang, dipotong dadu
- ¼ cawan epal Granny Smith, dipotong dadu
- ¼ cawan anggur hijau
- ¼ cawan pic, dipotong dadu

- $\frac{1}{4}$ cawan aprikot, dipotong dadu
- $\frac{1}{4}$ cawan jus lemon
- $\frac{1}{4}$ cawan Ditambah 1 sudu besar gula
- 1 sudu teh pudina cincang
- $\frac{1}{4}$ cawan krim berat
- 2 biji kuning telur
- $\frac{1}{4}$ cawan minuman keras Amaretto

Campurkan semua buah, jus lemon, cawan gula dan pudina. Tutup dan sejukkan salad semalaman.

Keesokan harinya, masak krim sehingga mendidih dan ketepikan kuali untuk menyejukkan sedikit. Pukul kuning telur dan baki 2 sudu gula bersama-sama.

Apabila krim telah sejuk, kacau dalam campuran telur dan gula. Tapis sos dan kacau dalam minuman keras. Hidangkan dalam periuk kecil untuk dituangkan ke atas salad individu

55, koktel buah marshmallow

Hasil: 1 hidangan

Bahan
- 8 auns topping SUSU putar
- 3 tin (15 oz) koktel buah dalam sirap berat
- 2 cawan kelapa parut
- 3 cawan marshmallow mini
- 2 cawan kismis
- 2 pisang sederhana

Buka tin dan toskan sirap. Letakkan koktel dalam mangkuk BESAR. Potong pisang menjadi kepingan bersaiz gigitan. Tambah bahan-bahan lain; kacau campuran gabungan dengan setiap penambahan baru. Tambah topping yang disebat terakhir; pastikan ia sebati sepanjang adunan.

Sejukkan selama beberapa jam.

56, salad oren

Hasil: 12 hidangan

Bahan
- 2 cawan air mendidih dibahagikan
- 1 paket (3 oz) jello lemon
- 2 cawan kiub ais, dibahagikan
- 1 bungkusan (3 Oz) jelo oren
- 1 tin (20 Oz) nanas hancur
- 2 cawan Min. marshmallow
- 3 biji pisang besar dihiris
- ½ cawan keju cheddar yang dicincang halus
- 1 cawan jus nanas yang dikhaskan
- ½ cawan gula

- Telur, dipukul
- 1 sudu besar Oleo
- 1 cawan krim putar
- 2 sudu besar tepung jagung

Tuangkan ke dalam loyang 13"x9"x2. Sejukkan sehingga padat. Ulang dengan gelatin oren, ais, dan air yang tinggal. Kacau dengan marshmallow. Tuangkan ke atas lapisan lemon; hidangkan dalam peti sejuk sehingga padat. Untuk pembalut, satukan jus nanas, gula telur, tepung jagung, dan mentega dalam kuali. Masak dengan api sederhana, kacau sentiasa, sehingga pekat. Tutup dan sejukkan semalaman. Keesokan harinya, susun pisang yang disebat di atas jelo.

Campurkan berpakaian dengan krim disebat; sapukan pada pisang, taburkan dengan keju. Nikmati! 5/4

57. Salad Buah Calico

Hasil: 6 hidangan

Bahan
- 1 liter kepingan salad Ice Berg
- 2 cawan Apple Tart; cincang
- 2 pisang besar; potong
- ½ cawan kismis
- ¼ cawan mentega kacang
- 3 sudu Madu
- ¼ cawan susu
- ½ cawan sos salad Miracle Whip

Satukan salad dan buah-buahan, toskan perlahan-lahan hingga sebati.

UNTUK PEMBUATAN: Satukan mentega kacang dan madu, kemudian masukkan susu secara beransur-ansur.

Masukkan dressing dan gaul rata hingga sebati. Sejukkan sehingga masa hidangan.

58. Salad buah berkrim

Hasil: 6 hidangan

Bahan
- 1 cawan strawberi; kuarters
- 1 cawan Cantaloupe; berkeping-keping
- 6 buah strawberi; keseluruhan
- 1 epal; inti dan dicincang
- 20 biji anggur; hijau tanpa biji
- ½ cawan nanas; berkeping-keping
- ½ cawan bahagian tangerine
- 1½ cawan Topping
- 2 sudu besar kelapa; dicincang dan digoreng

Dalam mangkuk 2 liter, gabungkan buah, kecuali beri keseluruhan; tutup dengan filem plastik dan sejukkan sehingga sejuk, sekurang-kurangnya 2 jam.

Untuk dihidangkan: Dalam setiap 6 cawan parfait atau sundae, sudukan 2 sudu besar topping disebat* beku bukan tenusu dicairkan) dan letakkan setiap hidangan dengan $\frac{1}{4}$ sudu teh buah campuran.

Teratas setiap bahagian buah dengan 1 l topping yang disebat, kemudian jumlah yang sama dengan baki campuran buah.

Teratas setiap bahagian buah dengan 1 sudu teh topping disebat, taburkan dengan 1 t kelapa dan hiaskan dengan 1 buah beri. 1 hidangan = 116 kalori.

59. Salad Buah Dixie

Hasil: 1 hidangan

Bahan
- 1½ cawan epal yang lazat; potong dadu 1½ cawan delima
- ½ cawan kismis tanpa biji; direbus
- ¼ cawan gula
- ¼ cawan walnut; cincang
- ¼ cawan badam; cincang
- 1½ cawan sos salad berkrim;

Satukan semua bahan kecuali salad dressing berkrim. Gaul perlahan-lahan dengan salad dressing berkrim.

Biarkan perap selama setengah jam di dalam peti sejuk. Hidangkan di atas daun salad yang rangup dan anda mempunyai hidangan yang sesuai untuk ahli yang paling arif. Beberapa variasi telah masuk ke dalam resipi asal dan kini kami dapati buah-buahan lain ditambah. Nanas, pisang, pear dan ceri pitted adalah tambahan biasa.

Kismis tanpa biji sering digantikan dengan anggur tanpa biji segar atau botol. Krim putar manis biasa boleh dihidangkan dengan gabungan buah-buahan dan kacang. "Dixie Salad" selalunya terbukti sebagai pencuci mulut pilihan untuk menu percutian itu.

60. Salad buah tropika berkrim

Hasil: 4 hidangan

Bahan
- 1 tin (15.25 oz) salad buah tropika; longkang
- 1 pisang; hirisan
- 1 cawan topping beku; dicairkan

Dalam mangkuk sederhana, gabungkan semua bahan; toskan perlahan-lahan hingga menyalut.

61, Salad Buah Gaya Filipina

Hasil: 3 hidangan

Bahan
- 1½ cawan krim pekat
- pakej 8 oz. krim keju
- 3 tin 14-auns koktel buah-buahan, toskan
- 14 setiap auns ketulan nanas, toskan
- 14 setiap kotak auns laici, toskan
- 1 cawan kelapa
- 8 auns bungkusan badam cincang
- 1½ cawan epal dipotong dadu

Campurkan krim kental dan keju krim sehingga sebati seperti sos. Satukan dengan bahan lain dan gaul rata, sejukkan semalaman.

Minuman keras boleh dilangkau, gunakan koktel buah tropika dan bukannya koktel buah biasa, jadikan empat tin. Saya juga kebetulan meninggalkan badam.

Orang Filipina menggunakan sesuatu yang dipanggil Nestles Cream, tetapi ia bukan mudah untuk ditemui.

62, Salad buah dengan lemon

Hasil: 1 hidangan

Bahan
- 1 pakej (3 oz) campuran puding lemon segera
- 1 tin (16 oz) koktel buah-buahan, termasuk jus
- 1 tin (14 oz) nanas hancur, termasuk jus
- 1 tin tangerin, toskan dengan baik
- 1 bekas (8 oz) cambuk sejuk, dicairkan
- 1 cawan marshmallow kecil

Satukan semua dalam mangkuk besar. Kacau hingga sebati. Sejukkan selama kira-kira 24 jam sebelum dihidangkan. Jika mahu, letakkan dalam kuali kek dan bukannya mangkuk. Ia kemudian boleh dipotong menjadi empat segi untuk dihidangkan.

Walnut, ceri maraschino dan kelapa juga boleh ditambah jika mahu. Tidak, kerana keluarga saya tidak mengambil berat tentangnya.

Sesuai untuk makan tengah hari yang dibungkus yang akan disimpan di dalam peti sejuk sehingga waktu makan tengah hari.

63, Haupia dengan salad buah eksotik

Hasil: 4 hidangan

Bahan untuk
Haupia:
- 1½ cawan santan
- 4 hingga 6 sudu besar gula
- 4 hingga 6 sudu besar tepung jagung
- ¾ cawan air Untuk sos:
- ½ cawan jus buah markisa
- 1 cawan gula

Untuk salad buah: ☐☐2
kiwi dipotong kiub
- 1 biji nenas dipotong dadu
- 1 biji betik dipotong dadu

- 8 keping laici □□1 hirisan pisang
- 1 buah mangga dihiris
- 8 tangkai pudina segar

Haupia: Tuangkan santan ke dalam periuk. Satukan gula dan tepung jagung; campurkan dalam air dan gaul rata.
Kacau adunan gula ke dalam santan.

Masak dan kacau dengan api perlahan sehingga pekat. Tuangkan ke dalam loyang persegi 8 inci dan sejukkan sehingga pejal. Menggunakan pemotong biskut yang dipotong menjadi titisan air mata atau bentuk bintang.

Didihkan bahan sos. Sejuk. Satukan bahan salad buah, gaul dengan sos dan ketepikan.

Letakkan tiga hingga empat keping Haupia di atas pinggan sejuk, susun buahnya. Hiaskan dengan pudina segar.

64. Salad buah-buahan dengan saus pudina

Hasil: 6 hidangan

Bahan
- ½ cawan yogurt biasa
- 1 sudu Madu; secukup rasa (sehingga 2)
- 1 sudu Amaretto; secukup rasa (sehingga 2)
- ½ sudu teh ekstrak vanila
- 1 sudu buah pala
- 2 sudu besar pudina segar yang dicincang
- 5 cawan penuh dengan buah-buahan segar; potong-potong
- Daun pudina keseluruhan untuk hiasan

Satukan semua bahan sos dalam mangkuk kecil dan gaul sehingga rata. Satukan buah dalam mangkuk adunan. Masukkan sos dan gaul rata.

Pindahkan ke dalam mangkuk hidangan dan hiaskan dengan daun pudina keseluruhan. Tutup dan sejukkan sebentar sebelum dihidangkan.

SALAD BUAH ALKOHOL

65, Salad buah dengan champagne

Hasil: 1 hidangan

Bahan
- 8 auns krim keju
- ½ cawan gula
- 12 auns strawberi manisan; (dicairkan)
- 16 auns nanas hancur
- 2 atau 3 pisang; dipotong dadu
- ½ atau 1 cawan kenari cincang

- 1 bekas besar Cool Whip

Pukul keju krim dan gula dengan pengadun elektrik

Campurkan semuanya sehingga homogen.

Taburkan dengan kacang. Sejukkan dan hidangkan.

66, Salad buah segar dengan pembalut rum madu

Hasil: 6 hidangan

Bahan
- 1 sudu besar halia hablur dicincang
- ½ cawan jus oren tanpa gula
- 2 sudu Madu
- ½ sudu teh ekstrak rum
- 2 setengah cawan strawberi
- 2 buah kiwi; dikupas, dihiris
- 1 buah betik; dikupas, dihiris

Dalam periuk kecil, satukan bahan sos. Panaskan hingga mendidih; keluarkan dari haba. Sejukkan ke suhu bilik.

Dalam mangkuk sederhana, satukan buah. Tuangkan dressing ke atas campuran buah; baling ringan. Sejukkan selama 1 jam untuk menggabungkan rasa, kacau sekali-sekala.

67, Kolak buah dan wain

Hasil: 4 hidangan

Bahan
- 4 buah pir kecil
- 1 oren
- 12 buah prun
- Batang kayu manis 1 inci
- 2 biji ketumbar
- 1 biji cengkih
- ¼ daun salam
- ⅓ biji vanila
- 4 sudu besar gula halus

- $1\frac{1}{2}$ cawan wain merah yang baik

Kupas pir, basuh dan potong oren menjadi kepingan $\frac{1}{2}$ cm ($\frac{1}{4}$ in).

Perlahan-lahan letakkan pir, bahagian atas batang, dalam periuk. Letakkan prun di antara pear dan masukkan kayu manis, biji ketumbar, bunga cengkih, daun bay, vanila dan gula kastor.

Teratas dengan hirisan oren dan tambah wain. Jika perlu, tambah air supaya terdapat cecair yang cukup untuk menutupi buah.

Didihkan, kecilkan hingga mendidih dan reneh pir selama 25 hingga 30 minit sehingga lembut. Biarkan buah sejuk dalam cecair.

Keluarkan perasa dan hidangkan buah dan cecair dalam hidangan hidangan yang menarik.

68, Salad buah suam

Hasil: 1 hidangan

Bahan
- 1 cawan Rajah
- 2 cawan jus epal
- 4 biji epal
- ½ cawan rum atau brendi
- ¼ cawan gula perang
- ½ sudu teh pala tanah
- 75 gram mentega
- 2 biji telur
- ½ cawan gula kastor

- 1 sudu kecil esen vanila
- 1 cawan tepung
- 1 sudu besar rum atau cognac
- Gula serbuk

Masukkan buah tin ke dalam periuk dengan jus epal dan biarkan rendam selama 2 jam.

Kupas epal dan potong empat bahagian, keluarkan intinya. Panaskan buah tin bersama rum, gula perang dan epal Reneh sehingga epal empuk. Kacau dalam buah pala.

Hidangkan hangat dengan rum Madeleine.

Untuk madeleine: Griskan acuan madeleine atau tin kek kecil dan taburkan dengan tepung. Cairkan mentega dan biarkan ia sejuk.

Pukul telur, gula dan vanila hingga pekat dan ringan. Ayak tepung dan masukkan campuran telur dan rum yang telah disapu mentega. Bakar pada suhu 200 C selama 8 minit.

69. Salad buah dengan wain putih

Hasil: 8 hidangan

Bahan
- 2 sudu gula
- ½ cawan wain putih kering
- 1½ sudu teh kulit limau parut
- 2 sudu besar jus lemon segar
- 4 cawan bebola madu atau kiub
- 4 cawan bola tebu atau kiub
- 1 cawan anggur hijau tanpa biji
- selada

Dalam mangkuk hidangan cetek, larutkan gula dalam campuran wain, kulit limau dan jus lemon, kacau sentiasa. Perlahan-lahan lipat dalam buah. Sejukkan selama dua jam, tos sekali-sekala. Toskan dan hidangkan di atas katil salad hijau.

70, salad buah Sri Lanka

Hasil: 1 hidangan

Bahan
- 2 buah mangga; dibakar
- 1 buah betik; dibakar
- 1 biji nanas
- 2 biji oren
- 2 biji pisang
- 1 Limau nipis, jus daripada
- 110 gram air gula
- 1 sudu teh vanila
- 25 mililiter rum

Kupas dan potong mangga, betik dan nanas. Kupas oren, keluarkan lubang dan potong menjadi kepingan. Kupas dan hiris pisang dan taburkan dengan jus lemon untuk mengelakkan perubahan warna.

Perlahan-lahan masukkan semua buah dalam mangkuk salad. Didihkan gula dan air bersama-sama dan apabila gula telah larut matikan api dan biarkan ia sejuk. Masukkan esen vanila dan rum ke dalam sirap gula dan tuangkan ke atas salad buah. Biarkan dalam peti sejuk sejuk sebelum dihidangkan.

71, salad buah Mimosa

Hasil: 8

bahan-bahan
- 3 buah kiwi, dikupas dan dihiris
- 1 c. beri hitam
- 1 sudu besar beri biru
- 1 sudu besar strawberi, dibelah empat
- 1 sudu besar nenas, potong kecil
- 1 c Prosecco, sejuk
- 1/2 c. jus oren yang baru diperah
- 1 sudu besar. Sayang
- 1/2 c. pudina segar

Dalam mangkuk besar, satukan semua buah.

Tuangkan Prosecco, jus oren dan madu ke atas buah dan gaul rata.

Hiaskan dengan pudina dan hidangkan.

72, salad buah Mojito

BAHAN-BAHAN
- 4 cawan tembikai cincang
- 1 lb strawberi, dicincang
- 6 oz raspberi
- 6 oz beri biru
- 1/4 cawan paket pudina, dicincang
- 1/4 cawan jus lemon segar
- 3 sudu besar gula halus

Masukkan tembikai, strawberi, raspberi, beri biru dan pudina ke dalam mangkuk besar. Campurkan jus lemon dan gula aising dalam mangkuk kecil, kemudian tuangkan ke atas buah dan beri.

Tos perlahan-lahan dengan spatula, kemudian sejukkan sekurang-kurangnya 15 sebelum dihidangkan untuk membolehkan jus semulajadi buah mula keluar.

73, salad buah Margarita

Hasil: 1 hidangan

Bahan

- 1 tebu dan tebu, potong-potong
- 2 biji oren dan limau gedang, kupas dan potong
- 1 biji mangga, kupas dan potong dadu
- 2 cawan strawberi, dibelah dua
- ½ cawan gula
- ⅓ cawan jus oren
- 3 sudu besar Tequila
- 3 sudu besar minuman keras oren
- 3 sudu besar jus limau nipis
- 1 cawan kelapa segar parut kasar

Satukan buah, ketepikan. Dalam periuk kecil, masak gula dan jus oren di atas api sederhana tinggi, kacau, selama 3 minit atau sehingga gula larut.

Kacau dalam tequila, minuman keras dan jus limau. Biarkan ia sejuk pada suhu bilik.

Gabungkan dengan buah. Tutup dan sejukkan sekurang-kurangnya dua jam atau semalaman. Sejurus sebelum dihidangkan, taburkan dengan kelapa.

SALAD BUAH BEKU

74, Cawan buah-buahan sejuk beku untuk kanak-kanak

bahan-bahan

- 5 pek. Gelatin lemon tanpa gula
- 10 cawan air mendidih
- 5 kotak ketul nanas tanpa gula
- 5 tin (11 oz setiap satu) oren mandarin, toskan
- 5 tin pekat jus oren beku
- 5 biji pisang besar, padat, dihiris

Dalam mangkuk yang sangat besar, larutkan gelatin dalam air mendidih; sejuk selama 10-15 minit. Campurkan bahan yang tinggal. Letakkan dalam cawan foil

Letakkan dalam kuali cupcake jika mahu.

Bekukan sehingga padat. Keluarkan dari peti sejuk 2030 minit sebelum dihidangkan.

75, Salad buah beku berkrim

Hasil: 12 hidangan

Bahan
- ¼ cawan gula
- ½ sudu teh Garam
- 1½ sudu besar tepung serba guna
- ¾ cawan sirap ditoskan daripada buah
- 1 biji telur; dipukul sedikit
- 2 sudu besar cuka
- 1 cawan toskan; buah pir tin yang dipotong dadu
- ¾ cawan ketulan nanas toskan
- 2 cawan puri; pisang masak sederhana
- ½ cawan toskan; ceri maraschino dicincang

- 1 cawan pecan cincang
- ⅔ cawan susu sejat
- 1 sudu besar jus lemon yang baru diperah

Satukan gula, garam dan tepung dalam periuk. Masukkan sirap buah, telur dan cuka. Masak dengan api sederhana, kacau berterusan sehingga pekat. Sejuk.

Masukkan buah dan kacang ke dalam adunan yang telah disejukkan. Sejukkan susu sejat di dalam peti sejuk sehingga hablur ais lembut terbentuk (kira-kira 10 hingga 15 minit)

Pukul sehingga kaku, kira-kira 1 minit. Tambah jus lemon; pukul 1 minit lagi untuk menjadi sangat kuat. Masukkan adunan buah.

Tuangkan ke dalam loyang 6-½ cawan yang telah disapu sedikit minyak

76, salad buah beku nenek

Hasil: 6 hidangan

Bahan
- 1 kotak koktel buah
- 1 kotak Aprikot separuh
- 1 kotak ketul nanas
- 4 auns marshmallow kecil
- 1 paket gelatin tanpa rasa
- 4 auns ceri Maraschino
- 4 auns krim keju lembut
- ½ cawan sos salad
- ¾ cawan krim putar
- Aprikot tambahan dan pudina

Tuang koktel buah, aprikot dan nanas. Letakkan buah dalam mangkuk besar. Masukkan marshmallow. Mengetepikan.

Letakkan jus buah dalam periuk. Masukkan gelatin. Letakkan api sederhana. Panaskan, kacau, sehingga gelatin larut

Ia sejuk sedikit. Tuangkan ke atas buah. Masukkan ceri potong dadu dan jus ceri.

Dalam mangkuk yang berasingan, campurkan bersama keju krim dan salad dressing.

Masukkan adunan buah, gaul rata.

Tutup dan sejukkan sehingga separa set. Tambah krim. Pindahkan ke hidangan hidangan 7 $1\frac{1}{5}$ kali 11 inci.

Tutup dan sejukkan 4 hingga 6 jam atau semalaman. Potong segi empat sama untuk dihidangkan. Hiaskan dengan aprikot dan setangkai pudina.

77. Gelas individu untuk salad buah beku

Hasil: 1 hidangan

Bahan
- 2 cawan krim masam
- 2 sudu besar jus lemon
- ½ cawan gula
- 1 tin nanas hancur; (8 oz) toskan
- 1 pisang; dipotong dadu
- Pewarna makanan merah
- ½ cawan pecan cincang
- 1 tin ceri pitted; (16 oz) toskan

Satukan krim, jus lemon, gula, nanas, pisang dan pewarna makanan secukupnya untuk mewarnakan campuran merah jambu. Perlahan-lahan lipat dalam walnut dan ceri. Sudukan ke dalam cawan muffin kertas bergalur yang telah dimasukkan ke dalam tin muffin. Membekukan pepejal.

Keluarkan dari loyang muffin dan balut rapat dengan bungkus plastik. Simpan dalam peti ais

Nyahbekukan kira-kira 15 minit sebelum dihidangkan.

Untuk menghidangkan, kupas cawan kertas dan letakkan di atas daun salad. Hiaskan dengan ceri.

78, Salad Buah Jello

Hasil: 1 hidangan

Bahan
- 1 kotak besar buah campur
- 2 biji pisang, dihiris
- Koktel buah-buahan, toskan
- Mandarin, toskan
- Cambuk sejuk, dicairkan
- Jeli strawberi

Satukan buah dengan cambuk sejuk. Taburkan jello (secukup rasa) dari bungkusan ke dalam adunan. Gaul dan sejukkan.

79. Salad Buah Beku Kentucky

Hasil: 8 hidangan

Bahan
- 2 biji lemon; jus daripada
- $\frac{1}{8}$ sudu teh garam
- $\frac{3}{4}$ cawan jus nanas
- 4 sudu gula
- 3 biji kuning telur
- 3 sudu besar tepung

- 1 kotak ketul nanas
- 1 kotak ceri Royal Anne tanpa biji
- Beberapa buah ceri Maraschino merah dan hijau yang dicincang
- 1 cawan krim putar
- badam; pilihan
- ¼ kilo marshmallow

Campurkan jus lemon, garam, jus nanas, gula, kuning telur dan tepung. Masak hingga pekat. Sejuk.

Masukkan ketulan nanas, ceri dan marshmallow.

Masukkan krim putar.

Isi dulang ais kiub kosong dan bekukan.

Hiris dan hidangkan di atas daun salad. Ia boleh disediakan beberapa hari sebelum dihidangkan.

80, Salad buah untuk kanak-kanak

Hasil: 5 cawan

Bahan
- Koktel Buah 17 Auns, Toskan
- 1½ cawan marshmallow kecil
- 2 pisang sederhana, dihiris
- 1 epal sederhana, dicincang kasar
- 2 sudu besar jus lemon
- ¼ cawan ceri Maraschino, dibelah dua
- 1½ cawan cambuk sejuk

Kacau hirisan epal dan pisang ke dalam jus lemon untuk mengelakkan keperangan.

Dalam mangkuk besar, satukan semua bahan kecuali coolwhip. Perlahan-lahan lipat dalam coolwhip. Penutup; sejukkan sehingga dihidangkan.

Kanak-kanak menggalinya - saya rasa ia adalah coolwhip yang mereka minati.

SALAD BUAH-BUAHAN DENGAN PASTA DAN BIJIRIN

81. Madu daripada salad buah pasta

Hasil: 8 hidangan

Bahan
- 1½ cawan Rotini (pasta berbentuk lingkaran)
- ½ cawan kismis
- 1 cawan anggur tanpa biji dibelah dua
- 2 atau 3 buah pic atau nektarin yang dikupas, dicincang

- ½ cawan hirisan saderi
- ¼ cawan kenari panggang yang dicincang
- Bekas 4 auns keju krim lembut
- ¼ cawan vanila atau yogurt kosong rendah lemak
- 2 hingga 3 sudu besar madu
- ½ sudu teh kulit limau parut
- 2 sudu besar jus lemon
- 2 sudu besar Krim putar untuk krim putar

Masak pasta mengikut arahan pada pakej; toskan dan sejukkan.

Sementara itu, kismis gemuk, jika dikehendaki: Dalam mangkuk besar, tuangkan air mendidih ke atas kismis

Biarkan ia berdiri selama 5 minit. Toskan dengan baik. Masukkan anggur, pic atau nektarin, saderi, walnut dan pasta yang telah disejukkan ke dalam kismis yang telah dikeringkan.

Dalam mangkuk sederhana, gabungkan keju krim, yogurt, madu dan kulit limau dan jus lemon. Pukul dengan pengadun elektrik pada kelajuan sederhana sehingga hampir sebati dan sebati. Masukkan krim putar.

Tuangkan dressing ke atas campuran pasta; toskan hingga kot. Tutup dan sejukkan selama 2 hingga 6 jam. Jika perlu, tambah sedikit susu untuk melembapkan salad sebelum dihidangkan.

82. Salad nasi dengan buah-buahan dan kacang

Hasil: 4 hidangan

Bahan
- 125 gram bijirin panjang dan campuran beras liar; masak
- Kotak 298 gram segmen mandarin;
- 4 bawang besar; dihiris secara menyerong
- ½ lada hijau; dibiji dan dihiris
- 50 gram kismis
- 50 gram kacang gajus
- 15 gram kepingan badam
- 4 sudu besar jus oren

- 1 sudu besar cuka wain putih
- 1 sudu besar minyak
- 1 secubit buah pala
- Garam dan lada hitam yang baru dikisar

Masukkan semua bahan salad dalam mangkuk dan gaul rata.

Dalam mangkuk yang berasingan campurkan semua bahan untuk sos.

Tuangkan dressing ke atas salad, gaul rata dan pindahkan ke mangkuk hidangan.

83. Salad buah dengan kacang

Hasil: 4 hidangan

Bahan
- 1 setiap tembikai
- 2 biji oren setiap satu
- 1 cawan anggur biru
- Daun selada
- 12 bahagian walnut setiap satu
- 8 auns yogurt
- 1 sudu besar jus lemon
- 1 sudu besar jus oren
- 1 sudu besar Tomato Catsup

- 2 sudu besar susu sejat
- garam; Dash
- Lada putih; Dash

Keluarkan tebu dengan tebu. Kupas oren, keluarkan selaput putih dan potong bersilang.

Potong anggur separuh dan keluarkan bijinya. Lapik mangkuk kaca dengan daun salad; susun bebola cantaloupe, hirisan oren, anggur dan walnut secara berlapis-lapis di atas salad. Gaul dan gaul rata semua bahan untuk dressing. Sesuaikan perasa.

Tuangkan dressing ke atas buah. Tinggalkan bahan salad
perap selama 30 minit. Toskan salad sejurus sebelum dihidangkan.

84. salad buah makaroni

Hasil: 1 hidangan

Bahan
- ¾ cawan gula
- 2 biji telur
- 2 sudu besar tepung
- ½ sudu teh Garam
- 2 kotak sederhana
- 2 kotak sederhana
- 12 auns Whip Sejuk
- nanas hancur
- tangerin
- Orzo, masak

Dalam periuk, campurkan nanas dan jus oren dengan gula, telur, tepung dan garam. Masak hingga pekat. Gabungkan dengan orzo. Sejukkan semalaman.

Sebelum dihidangkan, masukkan buah dan cambuk sejuk.

85, Salad buah dengan couscous

Hasil: 4 hidangan

Bahan
- 1½ cawan air
- ¼ sudu teh Garam
- 1 cawan couscous mentah
- ½ cawan yogurt vanila tanpa lemak
- ½ sudu teh kulit limau parut
- 1 sudu besar jus limau nipis
- 1 sudu Madu
- 4 titik sos lada panas
- ½ cawan hirisan saderi; dihiris nipis

- 2 sudu besar bawang hijau dipotong menjadi kepingan
- 2 sudu besar pecan cincang
- 1 sudu besar ketumbar cincang
- 2 Dikupas; kiwi cincang
- 1 Dikupas; mangga diadu, dihiris
- 12 buah strawberi keseluruhan

Dalam periuk kecil, satukan air dan garam. Biarkan mendidih. Keluarkan dari haba; kacau dalam couscous dengan segera. Penutup; biarkan selama 5 minit.

Buang couscous dengan garpu; sejuk 20 minit ke suhu bilik. Sementara itu, dalam mangkuk kecil, gabungkan semua bahan pembalut; Kacau hingga sebati.

Dalam mangkuk sederhana, gabungkan saderi, bawang, pecan, ketumbar, kiwi, sos dan couscous; toskan perlahan-lahan hingga menyalut. Hidangkan segera atau simpan dalam peti sejuk sehingga masa hidangan.

Untuk menghidang, sendukkan adunan couscous pada 4 pinggan

Susun hirisan mangga dan strawberi secara hiasan di sekeliling campuran couscous.

86. Salad buah dan bulgur

Hasil: 5 hidangan

sayakecerunan
- 3 cawan air
- ½ cawan kacang kuning
- ¾ cawan Bulgur yang belum dimasak
- ¾ cawan air mendidih
- 1 cawan epal Red Delicious; cincang
- ¼ cawan cranberi kering
- ¼ cawan kurma yang diadu
- ¼ cawan yogurt kosong rendah lemak
- 2 sudu besar Lemon
- ¼ sudu teh Garam
- ¼ sudu teh serbuk kari
- 11 auns tangerin dalam cahaya

5 sudu besar badam cincang; panggang

Bawa 3 cawan air dan belah kacang sehingga mendidih dalam periuk. Mengurangkan haba; masak, tidak bertutup, 30 minit atau hanya sehingga kacang yang dibelah menjadi lembut. Toskan dengan baik; mengetepikan. Satukan bulgur dan $\frac{3}{4}$ cawan air mendidih dalam mangkuk besar.

Tutup dan biarkan selama 30 minit. Tambah kacang, epal, cranberi dan kurma; Kacau hingga sebati. Satukan yogurt, jus lemon, garam dan kari dan masukkan ke dalam adunan bulgur, gaul rata. Kacau perlahan-lahan dalam oren. Atas
salad dengan badam panggang

•

87. Salad buah dengan kacang

Hasil: 4 hidangan

Bahan
- 1 tembikai setiap satu; sedikit
- 2 biji oren setiap satu
- 1 cawan anggur biru
- Daun selada
- 12 bahagian walnut setiap satu
- 8 auns yogurt
- 1 sudu besar jus lemon
- 1 sudu besar jus oren
- 1 sudu besar tomato catsup
- 2 sudu besar susu sejat

- garam; INDEN
  Lada putih; INDEN

Keluarkan tebu dengan tebu. Kupas oren, keluarkan selaput putih dan potong bersilang.

Potong anggur separuh dan keluarkan bijinya. Lapik mangkuk kaca dengan daun salad; susun bebola cantaloupe, hirisan oren, anggur dan walnut secara berlapis-lapis di atas salad. Gaul dan gaul rata semua bahan untuk dressing. Sesuaikan perasa. Tuangkan dressing ke atas buah. Biarkan bahan salad diperap selama 30 minit.

-

88. Salad dengan buah putih dan nasi liar

Hasil: 12 hidangan

Bahan
- 1½ cawan nasi putih; mentah
- 1⅓ cawan beras liar; mentah
- 1 cawan saderi cincang
- 1 cawan bawang hijau; dihiris nipis
- ¾ cawan beri biru kering
- ¾ cawan aprikot kering; potong
- ¼ cawan air rebusan ayam
- ¼ cawan cuka wain merah
- ¼ cawan minyak zaitun
- 2 sudu teh mustard Dijon

- ½ sudu teh Garam
  ½ sudu teh lada

-

- 1 cawan pecan; goreng dan cincang

Masak nasi secara berasingan, mengikut arahan pada bungkusan. Toskan beras liar dengan baik. Apabila sejuk, kacau dalam saderi, daun bawang, cranberry kering dan aprikot kering. Tutup dan sejukkan.

Satukan bahan pembalut dalam balang bertutup dan goncang dengan baik. Ia dimasukkan ke dalam peti sejuk. Goncangkan dressing untuk sebati. Tuangkan ke atas adunan nasi tadi. Masukkan pecan dan toskan hingga rata dan toskan.

89. Pasta Joan Cook dan Salad Buah Tuna

Hasil: 4 hidangan

Bahan
- 1 tin tuna dengan canola
- Minyak
- 2 cawan pasta masak
- 2 cawan buah segar
- Anggur
- jicama
- lada
- 1 sudu besar bawang manis, dicincang
- 1 (6 oz) yogurt vanila
- ½ sudu teh serbuk kari

-
- 1 sudu besar jus limau nipis
- 1 sudu besar akar halia
  Biji popi untuk hiasan

Toskan tuna dan pisahkan kepada kepingan kecil. Campurkan buah, pasta, bawang dan tuna. Campurkan bahan-bahan pembalut dengan baik. Perlahan-lahan toskan sos dengan buah, pasta dan tuna. Taburkan dengan biji popi, jika anda mahu.

Dihidangkan sejuk.

90, salad buah popi

Hasil: 1 hidangan

Bahan
- ½ tebu
- 1 biji nanas manis
- 300 gram anggur hijau tanpa biji
- 300 gram anggur ungu tanpa biji
- 1 tandan beri biru
- 1 batang strawberi
- 1 buah mangga
- 2 sudu besar biji popia
- 2 sudu besar bijan

-
- 3 sudu besar madu Beehive Co
- 1 sudu besar cuka balsamic
  2 sudu besar krim masam
- 5 sudu besar jus oren
- 2 biji limau nipis dan jus

Kupas dan potong cantaloupe, nanas dan mangga menjadi kepingan besar. Basuh beri dan anggur dan masukkannya ke dalam mangkuk buah.

Gaulkan semua bahan sos sehingga sebati, kemudian gaul bersama buah.

Campurkan dengan bijan dan biji popia dan sejukkan.

PENJERAHAN SALAD BUAH-BUAHAN

91, salad buah Ambrosia

Hasil: 20 hidangan

Bahan
- 2 tin tangerin; longkang
- 2 biji nanas; kepingan, toskan
- 2 pisang setiap satu; hirisan

-
- 2 cawan anggur; hijau atau merah tanpa biji
- 2 yogurt vanila
- 1 cawan badam; diukir
  2 cawan kelapa; kepingan
- 2 cawan marshmallow; mini

Campurkan semua bahan dan sejukkan.

92, salad buah Valentine

Hasil: 1 hidangan

Bahan
- 1 tin pear
- ½ cawan kayu manis merah
- 3 sudu besar cuka
- selada
- 1 tin nenas dihiris
- ½ cawan walnut cincang

-
- 1½ cawan krim mayonis

Toskan pir, masukkan kayu manis merah ke dalam sirap pir dan masak cuka sehingga mendidih. Potong setiap pir separuh menjadi bentuk jantung dan rebus dalam sirap selama 20 minit, sejuk. Letakkan separuh pir, bahagian berongga ke bawah, pada daun salad. Potong nenas menjadi kepingan kecil dan susun di sekeliling pear. Taburkan walnut di sekeliling tepi salad untuk memberikan kesan renda. Hidangkan mayonis dalam mangkuk yang berasingan.

Lipat mayonis ke dalam ⅓ cawan krim putar yang berat.

93. Salad Buah Panggang Terbaik

Hasil: 4 hidangan

Bahan
- 16 auns ketulan nanas dalam jus
- 1 sudu besar Tapioca
- 1 epal; dipotong dadu
- 1 oren; dikupas dan dipotong dadu
- 4 sudu besar jus nanas beku
- 2 biji putih telur
- $\frac{1}{8}$ sudu teh krim tartar
- $\frac{1}{2}$ sudu teh vanila
- 2 pek NutraSweet

Didihkan jus nenas dan ubi kayu yang telah dikhaskan sehingga pekat.

Satukan pekat jus epal, nanas, oren dan nanas beku.

Gaul rata untuk menyaluti buah dengan jus pekat.

Dengan sudu buah dalam 4 hidangan pembakar individu untuk soufflé

Pukul putih telur sehingga membentuk soft peak.

Masukkan vanila. Putar putih telur di atas salad buah, timbunkan dengan tebal dan ratakan di tepi mangkuk. Letakkan dalam ketuhar yang telah dipanaskan 450 darjah F. selama 4 hingga 5 minit sehingga meringue berwarna perang sedikit.

94. Pencuci mulut salad buah

Hasil: 8 hidangan

Bahan
- 1 bungkusan (10 oz) strawberi beku dalam sirap ringan, dicairkan
- 1 pakej (8 oz) yogurt vanila rendah lemak
- 1 sudu teh akar halia dikupas
- 1 tembikai sederhana
- 1 cawan strawberi
- 3 buah plum ungu besar
- 1 biji mangga besar
- 4 buah kiwi besar
- ½ liter beri biru
- Hiasan: tangkai pudina segar

Dalam pengisar atau pemproses makanan dengan pisau dipasang, kisar strawberi, yogurt dan halia yang telah dicairkan sehingga licin. Tutup dan sejukkan sehingga sedia untuk dihidangkan.

Potong cantaloupe kepada kepingan $1\frac{1}{2}$". Potong strawberi; hiris setiap satunya menjadi dua. Potong plum yang tidak dikupas menjadi kepingan $\frac{1}{2}$".

Dengan pisau tajam, potong hirisan memanjang dari mangga pada setiap sisi biji yang panjang dan rata; ketepikan bahagian yang mengandungi biji benih. Keluarkan kulit daripada kepingan yang telah dipotong dan potong mangga menjadi kepingan $1\frac{1}{2}$". Potong kulit dari bahagian simpanan mangga dan potong dengan berhati-hati dari biji menjadi kepingan.

Dalam mangkuk besar, gabungkan perlahan-lahan cantaloupe, strawberi, plum, mangga, kiwi dan beri biru. Tutup dengan bungkus plastik dan sejukkan sehingga sedia untuk dihidangkan.

95. Salad buah gebu

Hasil: 12 hingga 16

Bahan
- 2 tin (20 oz. setiap satu) nanas hancur
- ⅔ cawan gula
- 2 sudu besar tepung serba guna
- 2 biji telur setiap satu, dipukul sedikit
- ¼ cawan jus oren
- 3 sudu besar jus lemon
- 1 sudu besar minyak sayuran
- 2 kotak koktel buah-buahan
- 2 tin tangerin, toskan

- 2 biji pisang setiap satu, dihiris
- 1 cawan krim putar tebal

Toskan nanas, simpan 1 cawan jus dalam periuk kecil. Ketepikan nanas. Dalam periuk, masukkan gula, tepung, telur, jus oren, jus lemon dan minyak.

Didihkan, kacau berterusan. Rebus selama 1 minit; matikan api dan biarkan sejuk. Dalam mangkuk salad, satukan nanas, koktel buah, oren dan pisang. Masukkan krim putar dan sos yang telah disejukkan.

Sejukkan selama beberapa jam.

96. Salad buah beku

Hasil: 9 hidangan

Bahan
- 2 cawan gula
- $\frac{1}{8}$ sudu teh garam
- 4 cawan buttermilk
- 1 sudu teh vanila
- 1 tin nanas hancur
- 1 kotak koktel buah

Dalam mangkuk besar, satukan gula, garam, buttermilk dan vanila sehingga sebati.

Perlahan-lahan campurkan buah yang telah ditoskan. Tuangkan ke dalam loyang bersaiz 9 inci.

Bekukan sehingga padat

97. Salad buah dalam berkas krep

Hasil: 4 hidangan

Bahan
- 1 cawan tepung serba guna yang tidak dilunturkan
- 1 sudu gula
- Hujung pisau garam
- 1⅔cawan susu rendah lemak
- ½ epal, dikupas, dibiji dan dipotong dadu
- ½ pir, dikupas, diadu dan dipotong dadu
- 1 cawan Strawberi atau raspberi, puri
- Perahan 1 oren, potong

- 2 biji telur besar
- 3 sudu besar mentega tanpa garam
- ½ cawan nenas dipotong dadu
- ½ cawan krim berat, berperisa dengan
- ¼ sudu teh ekstrak vanila
- Angelica dipotong menjadi jalur 1 inci
- Daun pudina

Sediakan krep: Dalam mangkuk besar, ayak tepung, gula dan garam dan buat perigi di tengah. Pukul susu ke dalam tepung secara beransur-ansur hingga rata. Masukkan telur satu persatu, kacau cepat sehingga sebati. Masukkan mentega dan biarkan doh berada pada suhu bilik selama 30 minit.

Panaskan kuali nonstick 10-inci di atas api sederhana tinggi sehingga panas, masukkan ⅓C adunan, dan putar kuali sehingga adunan menutupi permukaan dengan sekata. Masak sehingga buih krep terbentuk di atas, putar dan masak selama 30 saat. Keluarkan krep dari kuali dan panaskan di dalam ketuhar dengan perlahan. Ulangi proses dengan doh yang tinggal.

Sediakan inti: Dalam kuali tidak melekat di atas api sederhana, masukkan epal, pear dan nenas dan tumis sehingga panas. Keluarkan kuali dari api dan ketepikan.

98. Salad parfait buah

Hasil: 3 hidangan

Bahan
- 1 tin besar nenas hancur
- 1 kotak isi cherry pie
- 1 tin Milnot
- 1 tin besar Cool Whip

Ia boleh dimakan lembut atau beku ringan, tetapi pada pendapat saya ia lebih enak dibekukan ringan.

Anda juga boleh menggantikan inti pai lain seperti beri hitam, pic, beri biru, dll.

99. Salad Buah Gumdrop

Hasil: 10 hidangan

Bahan
- 1 cawan krim putar
- 2½ cawan ketulan nanas, toskan
- 2 cawan anggur tanpa biji
- 2 cawan marshmallow kecil
- ¾ cawan Gumdrops (Omit Black Gumdrops), dicincang halus
- 1 balang (4 oz) ceri Maraschino, dicincang
- ½ cawan pecan cincang
- ½ cawan jus nanas
- ¼ cawan gula

- 2 sudu besar tepung
- ¼ sudu teh Garam
- 3 sudu besar jus lemon
- 1½ sudu teh cuka

Pukul krim dan campurkan semua bahan. Masukkan dressing yang telah disejukkan dan sejukkan semalaman.

Campurkan semua bahan dalam periuk dan masak sehingga pekat, kacau sentiasa. Sejukkan sebelum dimasukkan ke dalam salad.

100. parfait aiskrim kacang hazelnut

Hasil: 8 hidangan

Bahan
- 6 biji kuning telur
- 150 mililiter sirap gula
- 3 sudu teh kopi segera, dibubarkan
- 12 buah ara kering
- 12 Plum
- 1 lemon, dengan jus dan semangat
- 1 oren, jus dan kulit
- 30 biji hazelnut
- 150 gram gula

- 2 sudu besar air masak
- 100 gram hazelnut nougat, cair sedikit
- 600 mililiter Krim pekat, pukul kuat
- 4 biji cengkih
- 8 biji lada pecah
- 1 biji vanila, belah tanpa biji
- Beberapa titis jus lemon
- Air

Glace: Pukul kuning telur dan 150 ml sirap sehingga berbuih. Letakkannya di atas api perlahan dan pukul sehingga pekat. Sekarang letakkan ais dan goncang sehingga sejuk, masukkan esen kopi. Masukkan nougat cair dan akhir sekali krim. Tukar ke dalam loyang dan bekukan.

Salad buah musim sejuk: Tutup buah dengan air mendidih untuk membenarkan ia membengkak. Masukkan lemon dan jus oren yang telah diperah ke dalam sirap gula yang telah dikhaskan, bersama-sama dengan kacang vanila. Ikat limau dan kulit oren, bunga cengkih dan biji lada dalam beg muslin dan masukkan ke dalam sirap.

Didihkan, sesuaikan kemanisan dengan sedikit air tambahan. Masak selama 20 minit. Masukkan buah tin dan prun dan reneh perlahan-lahan selama 20 minit lagi. Biarkan ia sejuk.

KESIMPULAN

Membuat salad buah terbaik memerlukan sedikit perancangan, tetapi ia mudah dilakukan!

Membuat salad buah yang hebat berfungsi paling baik apabila anda mengikuti beberapa peraturan mudah dan pastikan anda memilih buah yang betul dan pembalut yang betul untuk mendapatkan jenis salad buah yang anda inginkan. Sesiapa sahaja boleh membuat salad buah yang hebat!

www.ingramcontent.com/pod-product-compliance
Lightning Source LLC
Chambersburg PA
CBHW050353120526
44590CB00015B/1669